QR 개정판

알토색소폰 연주곡집

가요 ②

samhoETM

차 례

모닥불

QR 01

박건호 작사
박인희 작곡
박인희 노래

♩=107

모 닥 불 피 워 놓
인 생 은 연 기 속

고 — 마 주 앉 아 — 서
에 — 재 를 남 기 — 고

— 우 리 들 의 이 야 기 — — 는 —
— 말 — 없 이 사 라 지 — — 는 —

1. Dm

끝 이 없 — 어 라 —

2. G7/D   G7   C

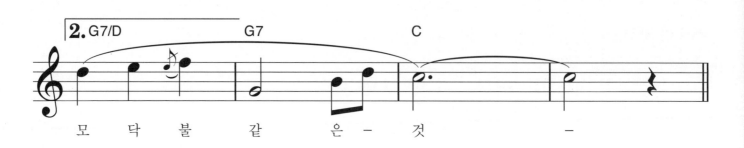

모 닥 불 같 은 — 것 —

타 다 가 꺼 지 - 는 그 순

간 까 지 - 우 리 들 의 이 야 기 -

는 - 끝 - 이 없 어 - 라

Fine

D.S. al Fine

나 그대에게 모두 드리리

이장희 작사
이장희 작곡
이장희 노래

나 그대에게   드릴 말 있네

오늘 밤 문 득   드 릴 말 있 네

나 그 대 에 게   모 두 드 리 리

터 질 것 같 은   이 - 내 사 랑 을

그 댈 위 해 서 라 면 나 는   못 할 게 - 없 - 네

별을 따다가　그 대 두 손 에　가 득 드 리 리 ─ 리

나　그 대 에 게　　　　　　드 릴 게 있 네
나　그 대 에 게　　　　　　모 두 드 리 리

오 늘 밤 문 득　득　　　드 릴 게 있 네
터 질 것 같

은　　　　　　　　　　이 내 ─ 사 랑 을

꼬마 인형

장경수 작사
장욱조 작곡
최진희 노래

그 날밤 황홀한 – 시 – 간을 – 난
말 없이 흐르던 – 눈 – 물을 – 난

잊 을 수가 – 없어 요
감 출 수가 – 없어 요

세 상에 – 태어나서 맨 처음 –
창 문에 – 부딪치는 빗 방울을

1. 당신을 알고 말았죠

2. 하 나 – 둘 – 세고 있었 죠

늦 어 도 그날 까지

약 속 만을 남 – 겨둔 채 로 –

밤이 지나고 - 　세벽 먼 길을 　떠 나 갈 사람이 여

부 서 지 는 - 　모 래 성 을 　쌓 으 며 또 쌓 - 으 - 며

꼬마 인 형 을 　가 슴 - - 에 안 고 　난 　기 - 다 - 릴래 요

D.S. al Coda

Coda

꼬마 인 형 을 　가 슴 - 에 안 고 　난 　기 다 릴래 요

당신

이성만 작사
김정수 작곡
김정수 노래

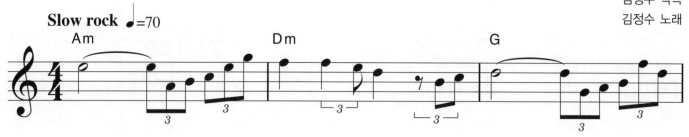

내 품에

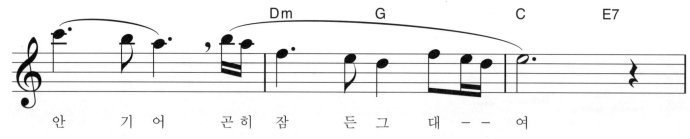

안 기 어 곤히 잠 든 그 대 - - 여

어 느 덧 그 대 눈 가 에 도 주 름 이 졌 -

네 내 가 슴 에 묻 혀 꿈 을

꾸 는 그 대 - - - 여   야 위 어 - 진 그 댈 바

라 - 보 - 니   눈 물 - 이 솟 네

고 왔 던 여 자 의 순 정 - - 을   이 못 난 내 게 바 쳐 주

고   한 마 디 원 망 도 않 은 - - 채

긴 세 월 을 - 보 냈 지   난   맹 세

하 리 라   고 생 많 은 당 신 - - - 께

이 생-명 다 하는 날 까 지   그 대-를 사 랑 하

리

그 대-를 사 랑 하

D.S. al Coda

날 까 지   그 대-를 사 랑 하 리

숨어우는 바람소리

김지평 작사
김민우 작곡
이정옥 노래

갈 대 밭 이 보 이 는 언

덕 — 통 나 무 집 창 — — 가 에 — 길

떠 난 소 — 녀 같 이 하 얗 게 밤 을 세 우

아 아 — 길 잃 — — 은 사 슴 처 럼 — 그 리

움 이 돌 아 — — 오 면 쓸 — — — 쓸 한 갈 — 대 — 숲 —

에 숨 — — 어 — 우 는 바 — 람 소 리

우 는 바 람 소 리 —

얼굴

QR 03

심봉석 작사
신귀복 작곡
윤연선 노래

동 그 라 미 그 리 려 - -

다 무 심 코 그 - 린 얼 굴

내 마 음 따 라 올 라 갔 -

아침 이슬

김민기 작사
김민기 작곡
양희은 노래

긴

밤 지새 우 고 풀 잎 마다 맺 힌 진
맘 에설 움 이 알 알 이맺 힐 때 아

주 보-다더 고 --운 아 침 이 슬 처--- 럼 내
침 동-산 에 올 --라 작

작별

이요섭 작사
이요섭 작곡
딕 훼밀리 노래

떠 나 려 – – 는당 신

을   붙잡을순 – 없나요   내 마 음
을   바라보며 – 하는말   다 시 또

남 김 – 없이바친 –   사 랑 – 하는님 인 – – 데
만 날 – 그날까지 –

헤 어지 는 – 당신   사 랑 – 변치말 아 – – 요

그 언 젠 가   돌 아올그 날 – – 까 지

기 다 리 는   즐거움도 – 있을 까

날 – – – – 사 랑 – 하는맘   변 치 말 –

고   잘 가 오 사 랑하는 – 님이 여

잘 가 오 사 랑하는 – 님이 여

비내리는 고모령

유 호 작사
박시춘 작곡
현 인 노래

부 엉 — 새 도 — 울 었 —

다 오 — — — 나 도 울 었 — — — 소

— 가 랑 — — — 잎 이

휘 날 리 — — — 는 산 마 —

루 턱 — — — — 을 —

넘 어 - 오 - - 던   그 날 - 밤 - - - - 이

그 리 - 웁 구 - - - 나   -   *Fine*

D.S. al Fine

바위섬

배창희 작사
배창희 작곡
김원중 노래

파 도 가 부 서 지 는 바 — 위 섬

인 — 적 없 던 이 곳 에 세 상 사 — 람 — 들 하 나

둘 모 — 여 들 더 - - - 니 어 느

밤 폭 풍 우 에 휘 — 말 려 모 — 두 사 라 지

가요 ❷ 25

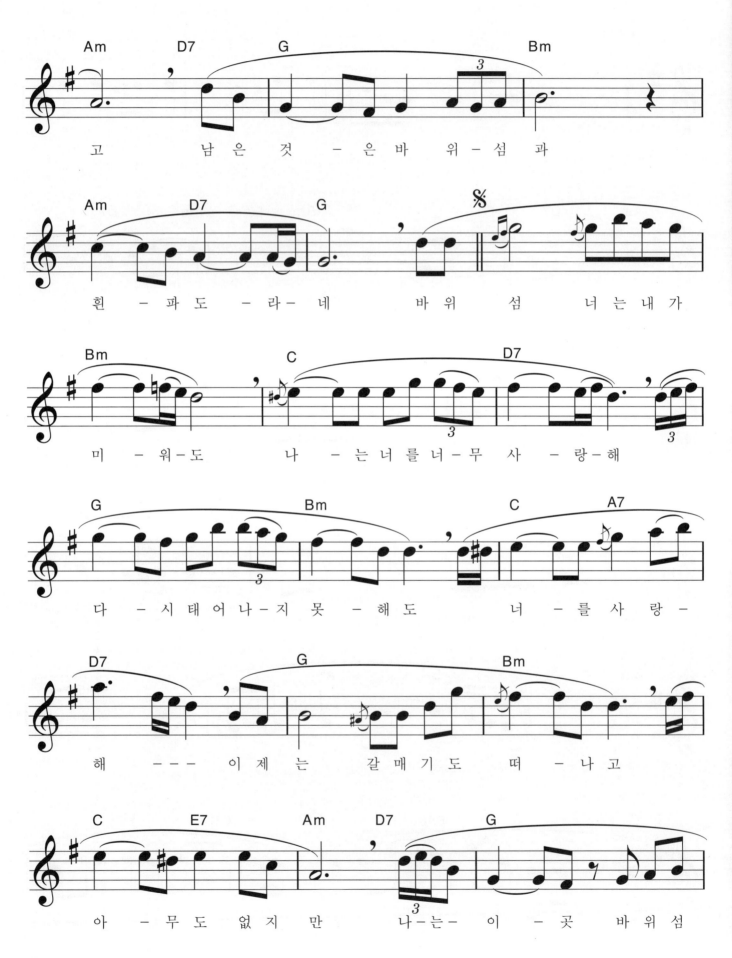

에　　　살 － 고 싶 － 어 라

바 위

D.S. al Coda

라　　　나 는 － 이 － 곳　바 위 섬 에

살 － 고 싶 － 어 라

상처

QR 04

장경수 작사
장욱조 작곡
조용필 노래

젖 어 있 는   두-눈 속 에   감 춰 진 그 사 연 을

아 직 도 가 슴 에 아 물-지않- 는   지 난날에-옛 상 처

바 람 이 잠 들 은 – – – 내 가 슴 에 – –   외 로 움 을 달 래 면 서

기 대 어 –   상 처 난 날 개 를   접 어 야 하 는   외 로 운 사 람

해변의 여인

박성규 작사
박성규 작곡
나훈아 노래

물 위에 떠 — 있 는 황 혼 의 종 — 이

배 말 없 이 바 라 보 는 해 — 변 —

의 여 — 인 아 바 람 에 휘 날 리 —

는 — 머 리 — 카 락 사 — 이 로 황 — — — —

혼 － 빛에 물－들은 여 － － 인 － － 의 눈－동

자   조 용 히   들 려 오 는   조 개

들의   옛 이 － 야 기   말 － 없 － 이   바 라 보

는   해 － 변 의   여 － 인 － 아

Fine

바

D.S. al Fine

섬마을 선생님

이경재 작사
박춘석 작곡
이미자 노래

해 — — 당 화

피 — — 고 지 — 는 섬 — — 마 을 — — — — —

에 — — 철 새 따 — 라 —

찾 — — — 아 — 온 총 — — — 각 — 선 — 생 — — — —

님 —　　　　열 아홉 살 섬 색 — 시 — — 가

순 정 — 을 — 바 쳐　　　사 — 랑 한 — 그 이 — 름 은

총 각 — 선 — — 생　님　서 울 — — — 엘 랑 —

가 지 를 마 — — — 오 가 — 지 — 를 — 마 — — — — —

오 — — 　　　　D.C.

Fine

가는 세월

요 새 들 이 저 하 늘 을 날 아 서 가 듯 이 달 이 가 고 해 가 가 고 산 천 초 목 다 바 뀌 어 도 이 내 몸 이 흙 이 되 도 내 마 음 은 영 원 하 리

하 지

D.S. al Coda

리 이 내 몸

이 흙 이 되 도 내 마 음 은 영 원 하 리

정

조남사 작사
김학송 작곡
조용필 노래

정이란무엇일까 받는걸까

주는걸까 받을땐꿈속같ㅡㅡ고

줄때는안타까워 정을쏟

고 정에울ㅡ며

아내에게 바치는 노래

조운파 작사
임종수 작곡
하수영 노래

젖 은 손 이 애 처 로 워 살 — 며 시 —

잡 아 — — 본 순 — 간 거 칠 어 진 손 마 디 가

너 무 나 - 도   안 타 - 까 웠 - - - 소

시 린 손 끝 에   뜨 - - 거 운 정 성   고 이 접 어 다 져 온 이 - - 행 -

복   여 민 옷 깃 에   스 미 는 - - 바 람

땀 방 울 로 씻 어 온 나 - - 날 들   나 는 다 시 태 어 나 도

당 신 만 - 을   사 랑 - - - 하 리 - - - 라

D.S.

그날

이철식 작사
이철식 작곡
김연숙 노래

♩=72

언 덕 위

에   손 잡 고   거 닐 던 기   억 도 아 스 라 —
는   가 슴 이   서 러 워 아   파 와 한 숨 지 —

이   멀 어 져 간 —   소 중 했 — 던   옛 생 각 — 을
며   그 려 보 는 —   그 사 람 — 을   기 억 하 — 나

우 우 우 우 우 우 한아름의 꽃처
럼 보여지며 던진 내사랑―에 웃음
지며― 님의소식 전한 마―음 한 없이보 내―본
다
한 없이보 내―본 다

D.S. al Coda

Coda

백년의 약속

김종환 작사
김종환 작곡
김종환 노래

내가선택한 　 사랑의끈에 나 의 　 청춘을묶었 다 　 당신

께드려야할 　 손에 꼭쥔사 − −랑을 　 이 　 제 서야 보낸 다

내 가슴에 　 못질을하는 현 　 실의 − 무게 속에 도 　 우리

가 　 잡은 − 사랑 의향기속에 눈 물도 − 이젠 −끝났 다 　 세

갈대의 순정

오민우 작사
오민우 작곡
박일남 노래

갈 대 ─ 의 순 ─ 정 ─

Fine

D.S. al Fine

진정 난 몰랐네

김중순 작사
김희갑 작곡
임희숙 노래

그토록 사랑하던 그 - 사람 잃어 - 버리 - 고

타 오르는 내 마음만 흐 - 느껴 - - 우 네

그토록 믿어왔던 그 사 - - 람 돌 - - 아 - 설 - 줄이

야 - - - 예 전 에 는 몰 랐 었 네

진 정난몰 랐─네　　　　누 ─구인─ 가

불 ─ 러주는 휘파람─소─리　　　행 여나찾 아줄까

그 님이아─니올까　　　기 다─리 는마음 허 무 해 라

그 토 록 믿 ─어왔─던 그 사 람　　　돌 아─설─줄─이─

야　　　예 전─ ─에는　　　몰 랐 었 네　　　진 정난몰 랐─

비 내리는 호남선

손로원 작사
박춘석 작곡
손인호 노래

려 야 울 – 으 – – – – 냐 –

사 랑 – – – 이 란 이 런 – – 가 요

비 내 – – 리 는 호 남 선 – – – 에 – 헤

어 – – 지 – – 던 그 – – 인 사 가 야 – – –

속 도 하 더 – – – 란 – 다 –

찔레꽃

이연실 작사
박태준 작곡
이연실 노래

엄 마 길 가 는 데 에 하 얀 찔 레 꽃
밤 깊 어 까 ― 만 데 엄 마 혼 자 서

찔 레 꽃 하 얀 ― 잎 은 맛 도 ― 좋 ―
하얀 발 목 바 ― ― 쁘 게 내 게 ― 오 시

추풍령

전범성 작사
백영호 작곡
남상규 노래

구 — 름 — 도   자 고 — — 가   는

바 람 도 쉬 어 — — 가   는   —

나 하나의 사랑

손석우 작사
손석우 작곡
송민도 노래

나 혼 자 — 만 이

그 — — 대 를 알 고 싶 소

나 혼 자 — 만 이 — — —

— 그 — — — — 대 를 갖 고 싶 — — 소

— 나 혼 자 만 — 이

— 그 대 를 사 랑 하 — — 여

— 영 원 히 영 — 원 히 — — —

rit.

— 행 — — — 복 하 게 살 고 싶 소

D.C.

QR 06

사랑으로

이주호 작사
이주호 작곡
해바라기 노래

내가 살 아 가 – 는 – 동 안 에 할 일

이 또 하 나 있 지 바 람 부 는벌 – 판 에 서 있 – 어 도 나 는

외 롭 – 지 않 – 아 그 러 나 솔 잎 – 하 나 떨 어 지 면 눈 물

따 라 흐 르 – 고 우 리 타 는가 – 슴 – 가 슴 마 다 햇 살

은 다시떠 오르 네 아 — 영원 히 변— —치 않 — 을 우리

들 의사 랑 으로 어두운 곳에 손을 내 밀어 밝

혀 주 리 — 라 내 가

D.S. al Coda

라 아 — 영 원 히 변— —치 않 — 을 우리 들 의사 랑 으

만남

박 신 작사
최대석 작곡
노사연 노래

우 리 만 남 은 우 연 이 – 아 니

야 그 것 은 – 우 리 의 바 – 램 이 – – 었

어 잇-기-에 너무한 나의 운명 - 이-었기

에 바랄수는 없-지-만 영원

을 태-우-리 돌아 보지말아 후

회 하지 말-아 아 바보같

은 눈물 보--이 지말아 사랑해 사-랑

해 너-를 너-를 사랑해

돌

아 보 - 지 말 아   후 회 하 지 말 - - 아

아 바 보 같 은 눈 물 보 이 지 말 아   사 랑

해 사 - 랑 해 너 를 너 를   사 랑 해 사 랑

해 사 - 랑 해 너 늘 너 를   사 - - 랑 - 해

rit.

사랑밖에 난 몰라

심수봉 작사
심수봉 작곡
심수봉 노래

그 대내 곁에선 순 - 간   그 눈빛 이너 무 - 좋아 -
무 심히 버려진 날위 해   울 어주 던단 한 - 사람 -

어 제 는 - 울 - 었지 만 오늘은 -   당 신땜 에 내일은 - 행복할 거 야
커 다 란 - 어 - 깨위 에 기대고 -   싶 은꿈 을 당신은 - 깨지말 아 요

-    얼 굴도 - - 아 니 멋 도 아 니아 - 니
-    이 날을 - - 언제 나 기 다렸어 - 요

부 드 러 운사 랑만 - 이 필 요 했어요   지 나 간   - 세월 모
서 러 운세 월만 - 큼 안 아 주세요   그 리 움   - 바람 처

그 겨울의 찻집

양인자 작사
김희갑 작곡
조용필 노래

바람속으 로걸어 갔어요 - 이른아침에 그찻

집 마른꽃 걸 - 린 창 - 가 에 앉아

외로움을마 셔 요 아름다운죄

사 랑때문 - 에 홀로지샌 긴 - - 밤 - - 이 여

뜨 거 운이름   가 슴 에 두 면   왜 한 숨 이—나 — 는 걸

까   아——아 웃 고 있 어 도   눈 물 이 난 다

그 대 나 의 사 랑 아

D.S. al Coda

Coda

야래향

불로초 작사
외 국 곡
심연옥 노래

언제나 잊지 못 - 할
자 둘 이 서 부 르 던 노 래
푸 른 밤 잔 디 위 에 서

가 슴 에 얼 싸 - 안 고 맹 세 하 던 그 - - 때 - 가
지 금 은 흘 러 - 간 꿈 내 얼 굴 에 눈 - - 물 - 만

그 리 - 워 - - - 져 요
달 빛 에 젖 은 그 림

얼룩 – 젖––– 어 – 요 – 애 라 이

샨 애 – 라 이 샨 애 타

는 호 궁 에 소 리 언 제 나

돌 아 오 – 려 – – 나 구 름 – 같 은 그 – 님 아

달 빛 에 젖 은 그 림 자 둘 이 서 부 르 던 노 래

지 금 은 흘 러 - 간 꿈 내 얼 굴 에 눈 - - 물 - 만

얼 룩 - 젖 - - - 어 - 요

애 라 이
D.S. al Coda

애 라 이 샨   애 라 - 이 샨

애 - - 라 이 샨

해후

최성수 작사
최성수 작곡
최성수 노래

어 느 새 바람 불어 와

옷 깃 을 여미 어봐 도   그 래도 슬픈 마음

은   그 대 로   인 걸

그 대 를 사랑   하 - 고 도

가 슴 을 비 워 놓 고 - - 도 -   이 별 의 예 감 때 문

에   노 을 진 우 - 리 의   만 남 사 실

은 - 오 늘 문 득   그 대 손 - 을 마 주 잡 고

서   창 - - - 넓 - 은 - 찻 집 에 서   다 정

스 - 런 - - 눈 빛 으 로   예 - - 전 - 에 그 랬 - 듯

이   마 주 보 - 며 - 사 랑 하 고 파   어 찌

슬픈 인연

박건호 작사
UZAKI 작곡
나 미 노래

멀 어 져 가

는   저 뒷 모 습 을 바 라 보 면 서   난

아 직 도 –   이 – – 순 간 을 –   이 별 이 라 하 지 않 겠 네

달 – 콤 했 – 었 – 지   그   수 많 았 던 추 – – 억 속 에

서   흠 – 뻑 젖 은 –   두 – – 마 음 – 을 – –   우 리

어떻게 - 잊 - - 을 - 까 아 다시올거

야 너-는외로움을견딜수없 어

아 나의곁으로 다시돌아올거야

- 그 - 러나 그 시절에너를또만나서- 사랑

할 수 - 있을까 - 흐르-는 그 세월에 - 나는

또 얼마나 - 많은 눈물을- 흘리려나-

려 나 –   그 러 나   그   시 절 에 –   너 를 또   만 나 서 –   사 랑

할   수 –   있 을   까   흐 – 르 는   그   세 월 에   나 는

또   얼 마 나 –   많 은   눈 물 을 – – 흘 리 려   나

보고싶다

윤사라 작사
윤일상 작곡
김범수 노래

칠갑산

조운파 작사
조운파 작곡
주병선 노래

콩 밭 매 - - - 는 아 - - - 낙 - 네 - - 야
베 - 적 - 삼 이흠뻑 젖 - - - 는 - - - - 다 -
무 슨 설 - - 움 - - - 그 리많 - - - 아
포 - - 기 마다눈 - 물 심 누 - 나 -

홀 어머니 두 - 고 시 집 가 - 던 - 날

칠 갑 산 산 마 루 - - - 에

울 어 주 - - - 던 산 - 새 - 소 - - 리 - 만

어 - - 린 가 슴 속 을 태 웠 - - - - 소 -

D.S. al Coda

Coda

소 *rit.*

소

QR 12

문 밖에 있는 그대

김순곤 작사
이호준 작곡
박강성 노래

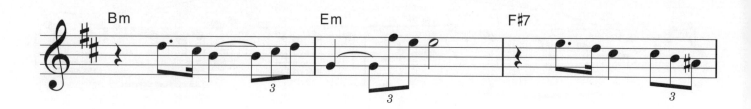

그 대 사 랑 ― 했 던 ― 건 ―

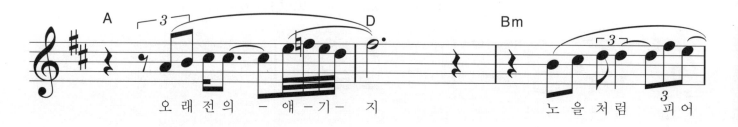

오 래 전 의 ― 애 ― 기 ― 지   노 을 처 럼 피 어

― 나   가 슴 태 우 ― 던 사 람

그 ― 대 떠 나 ― 가 ― ― 던 밤

추억도- 내겐- 없--어요　　　　문 밖 에 있 - 는 그

- 대 -　　　　　　　눈 물 을 - 거 둬 - 요 -

가 슴 아 픈 - 사 랑 - - - 을　　　이 제 는 잊 어

요　　*Fine*

D.S. al Fine

세월이 가면

최명섭 작사
최귀섭 작곡
최호섭 노래

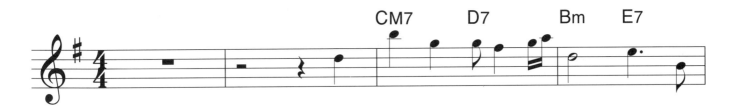

그대 나 를위 – 해 웃 음을보 – 여 – 도 허 탈한 표정감 출 순없

어   힘없 이뒤돌 아 선   그 대 의모 습 을

흐린눈 으로 – 바라만 보 – 네   나는알 고 있어 요 – 우

리 의 사 - 랑 이 - 이 것 이 마 지 막 - 이 라 - 는 것 을 - 서

로 가 원 한 다 - 해 도 - 영 원 할 수 없 어 요 - 저 흘 러 가 - 는 시 간 앞 - 에

서 는 세 월 이 가 면 - 가 슴 이 터 질 - 듯 한 -

그 - 리 운 마 음 이 야 잊 는 다 해 도 - 한 없 이 소 중 했 던 사 랑

이 있 었 음 을 - 잊 지 말 고 기 억 해 - 줘 요

QR 개정판

알토색소폰 연주곡집 가요 ②

발 행 일   2009년 8월 31일

발 행 인   김두영
편   곡   차순철
발 행 소   삼호ETM (http://www.samhomusic.com)
          우편번호 10881
          경기도 파주시 문발로 175
          마케팅기획팀   전화 1577-3588   팩스 (031) 955-3599
          콘텐츠기획개발팀 전화 (031) 955-3589   팩스 (031) 955-3598
등   록   2009년 2월 12일 제 321-2009-00027호

ISBN   978-89-6721-528-6
          978-89-6721-526-2 (세트)